스튜디오 지브리
바이올린 컬렉션

Studio Ghibli Violin Collection

SRMUSIC www.srmusic.co.kr

Contents

나우시카 레퀴엠

〈바람 계곡의 나우시카〉 OST

작곡: Joe Hisaishi
© by STUDIO GHIBLI Inc.

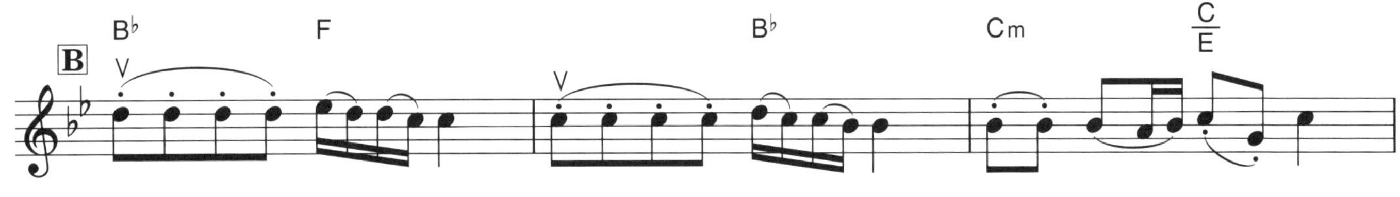

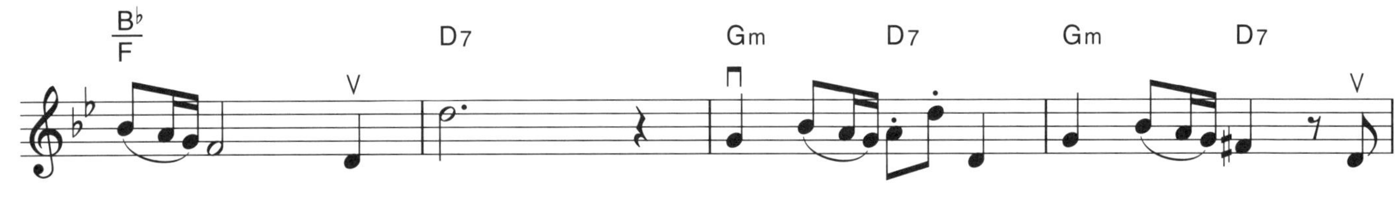

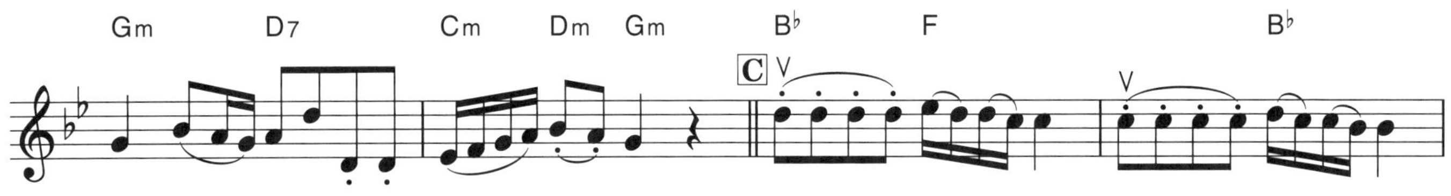

Cm
C/E
B♭/F
D7
Gm
D7
Gm
D7
Gm
D7
Cm
Dm
Gm
4
D
Am
E7
Am
E7
Am
E7
Dm
E7
Am
E7
Am
E7
Am
E7
Dm
Em
Am
E
C
G
C
Dm
D/F♯
C/G
E7
Am
E7
Am
E7
Am
E7
Dm
Em
Am
2

너를 태우고

〈천공의 성 라퓨타〉 OST

작곡: Joe Hisaishi
© by STUDIO GHIBLI Inc.

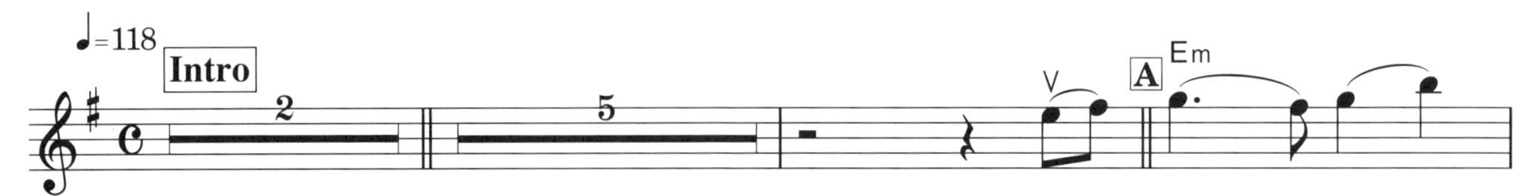

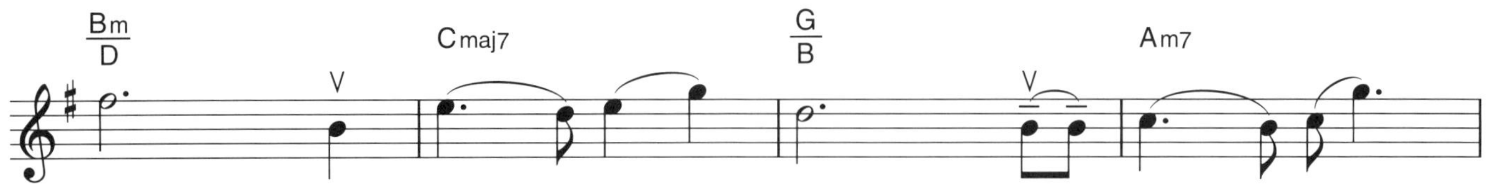

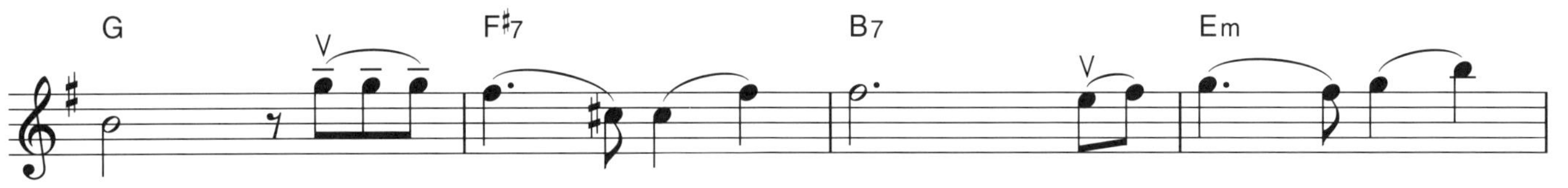

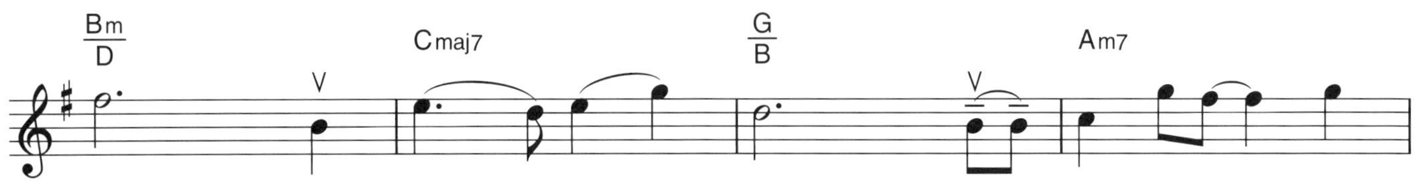

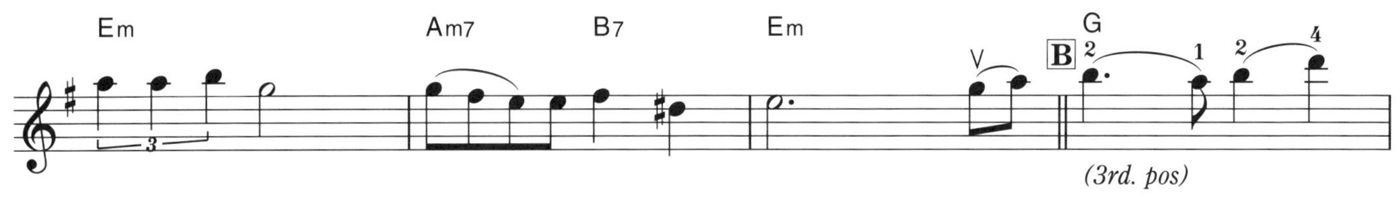

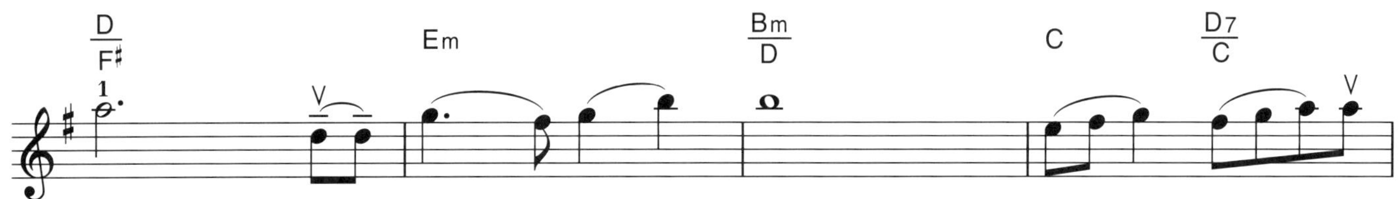

G/B
Am7
Bsus4
B7
(4th pos)
Em
Cmaj7
D
G
B7/F#
(3rd. pos)
(4th pos)
Em
Cmaj7
D
Em
(3rd. pos)
Em
Bm/D
Cmaj7
G/B
Am7
G
F#7
B7
Em
Bm/D
Cmaj7
G/B
Am7
Em
Am7
B7
to
Em
Coda
Em
D.S.

산책

〈이웃집 토토로〉 OST

작곡: Joe Hisaishi

© by STUDIO GHIBLI Inc.

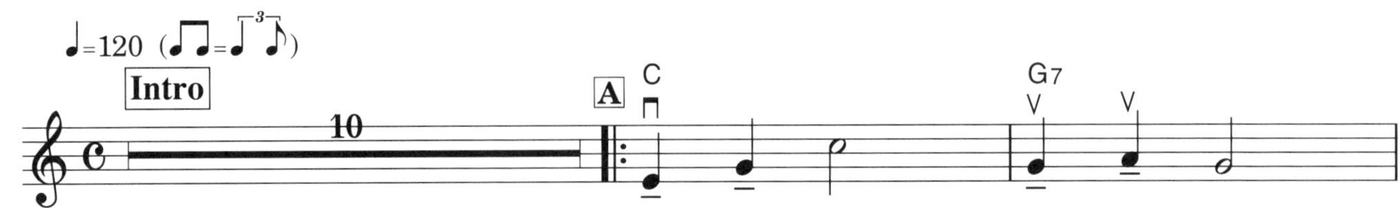

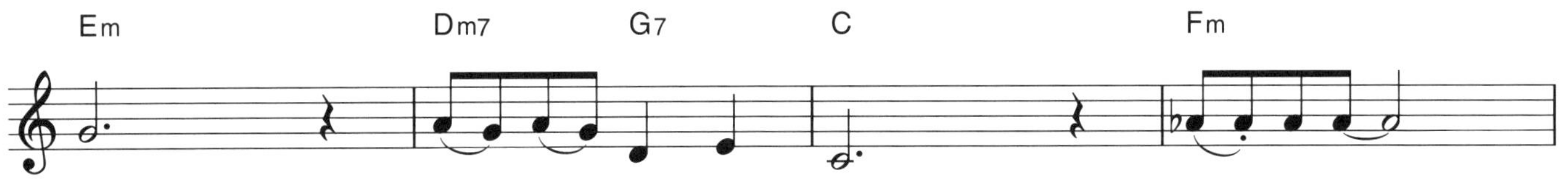

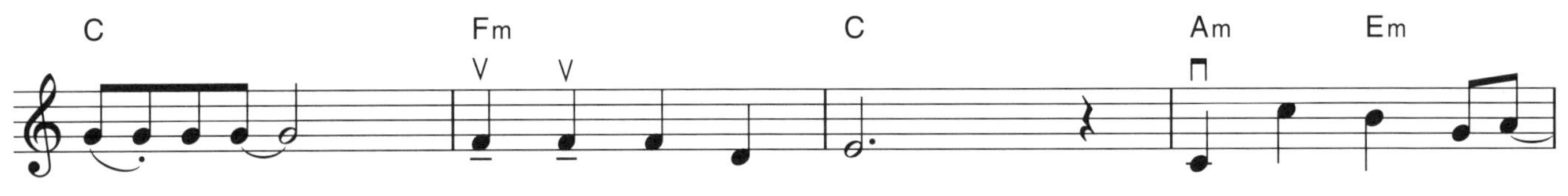

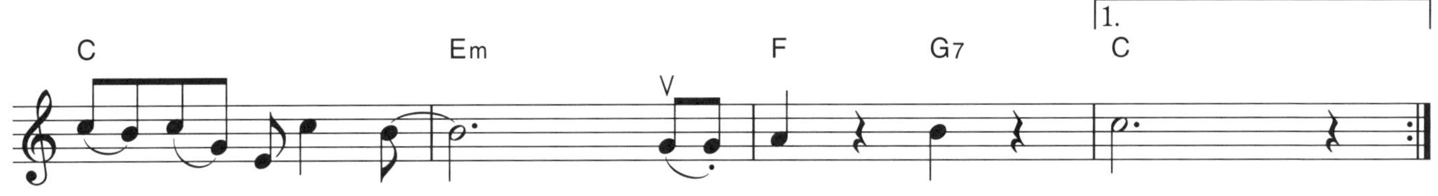

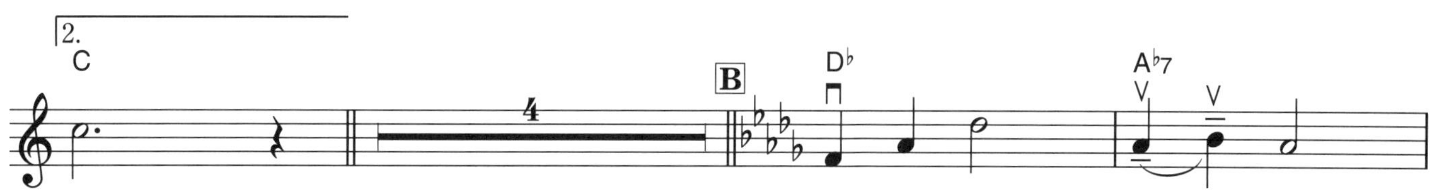
2.
C
B
D♭
A♭7

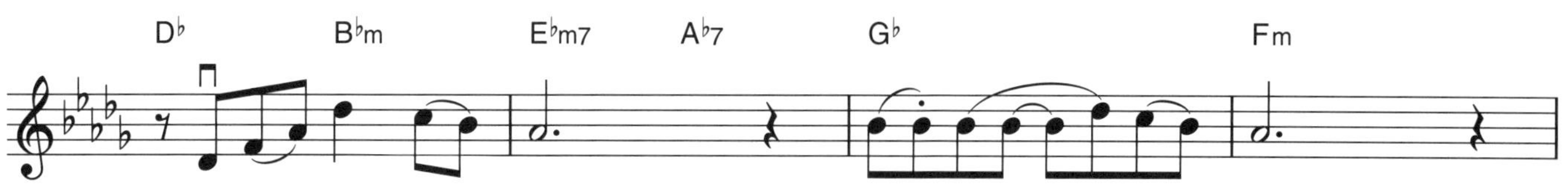
D♭
B♭m
E♭m7
A♭7
G♭
Fm

E♭m7
A♭7
D♭
G♭m
D♭
3 2
3
1
3
(3rd.)
(2nd.)

G♭m6
D♭
B♭m7
Fm7
G♭

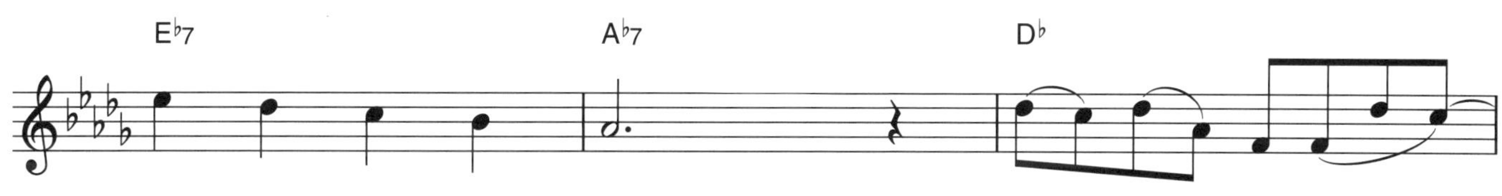
E♭7
A♭7
D♭

Fm7
G♭
A♭7
D♭

Fm7
G♭
A♭7
N.C.
2

이웃집 토토로

〈이웃집 토토로〉 OST

작곡: Joe Hisaishi

© by STUDIO GHIBLI Inc.

바람이 지나가는 길

〈이웃집 토토로〉 OST

작곡: Joe Hisaishi

© by STUDIO GHIBLI Inc.

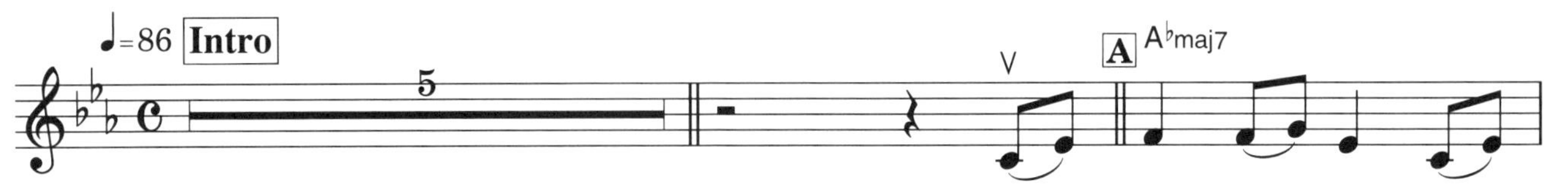

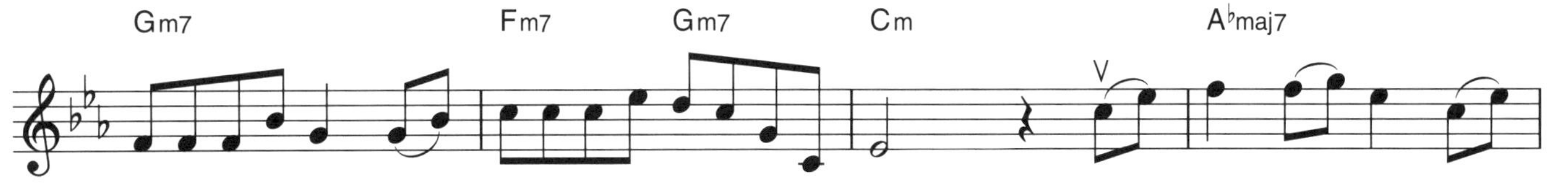

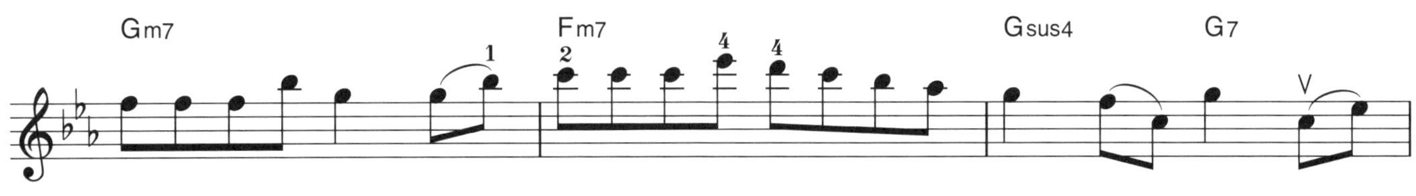

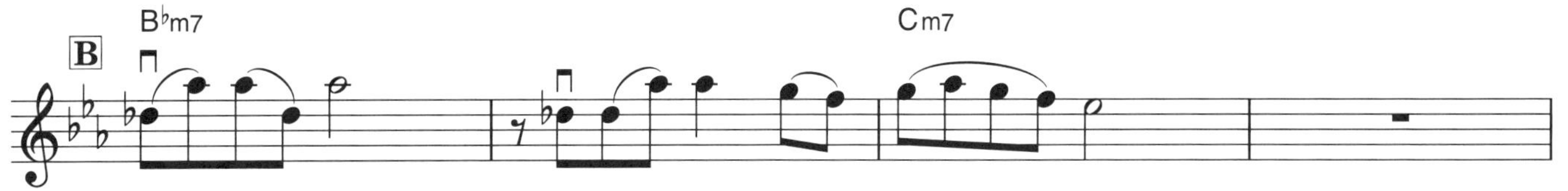

Bbm7
Cm7
Bb7 Gm7(-5) Cm7
C Abmaj7
Gm7
Fm7
Gsus4 G7
Abmaj7
Gm7
Fm7 Gm7
Cm
D Bbm7
Cm7
Bbm7
Cm7
Bb7 Gm7(-5) Cm7
E
Cm
F Abmaj7
Gm7
Fm7
Gsus4 G7
Abmaj7
Gm7
Fm7 Gm7
Cm

마법의 온기

〈마녀 배달부 키키〉 OST

작곡: Joe Hisaishi

© by STUDIO GHIBLI Inc.

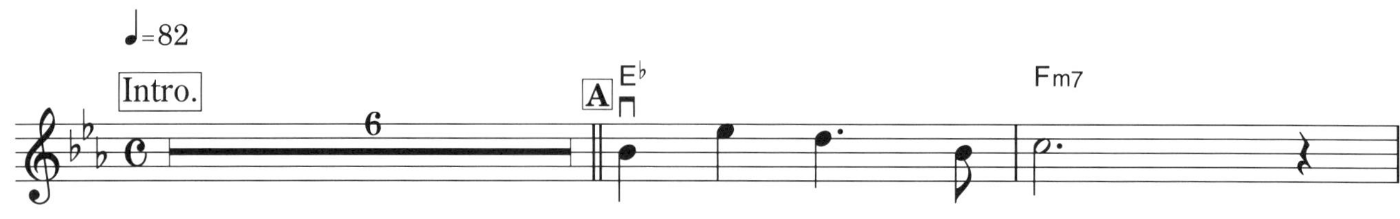

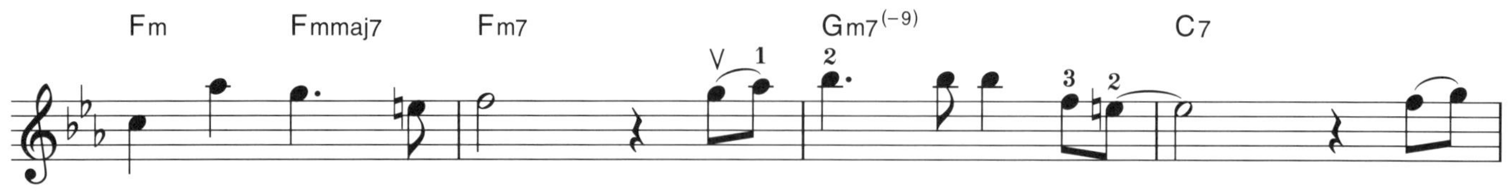

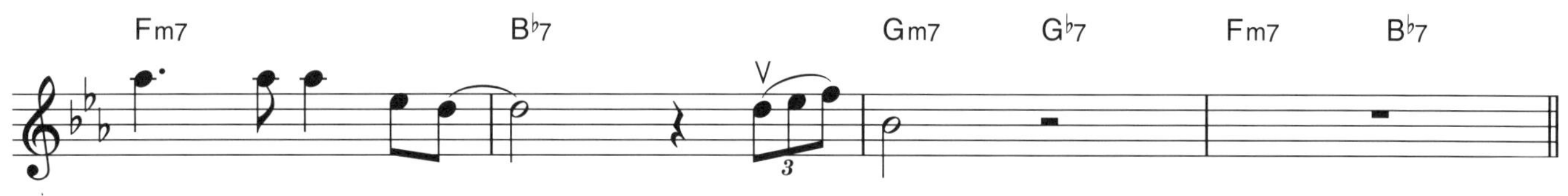

A♭maj7
D♭m7
G♭7
1 3 1

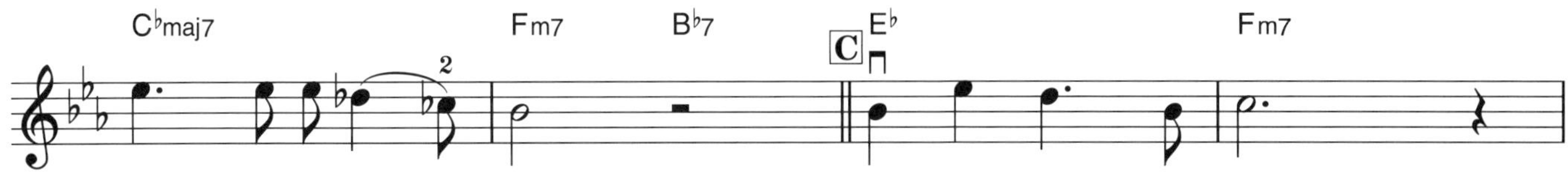

C♭maj7
Fm7
B♭7
C
E♭
Fm7
2

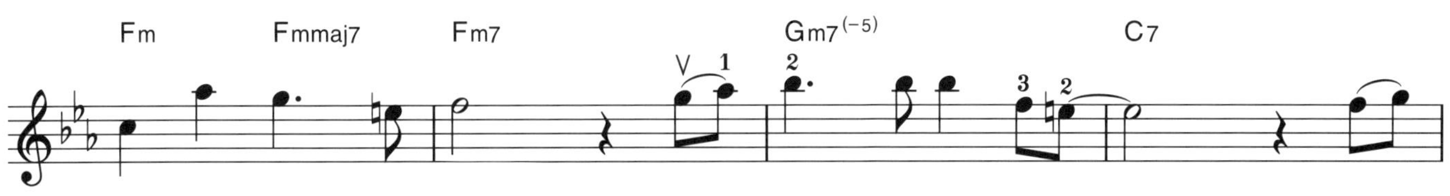

Fm
Fmmaj7
Fm7
Gm7(-5)
C7
V 1
2
3 2

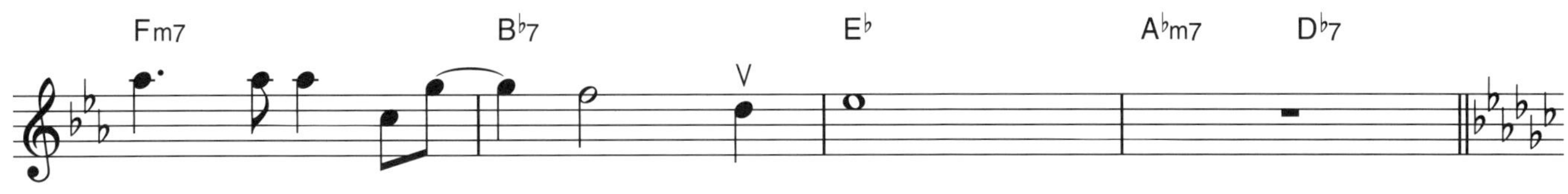

Fm7
B♭7
E♭
A♭m7
D♭7
V

D
G♭
A♭m7
A♭m
A♭mmaj7
A♭m7
V 1
2

B♭m7(-5)
E♭7
A♭m7
D♭7
2
3 2
1

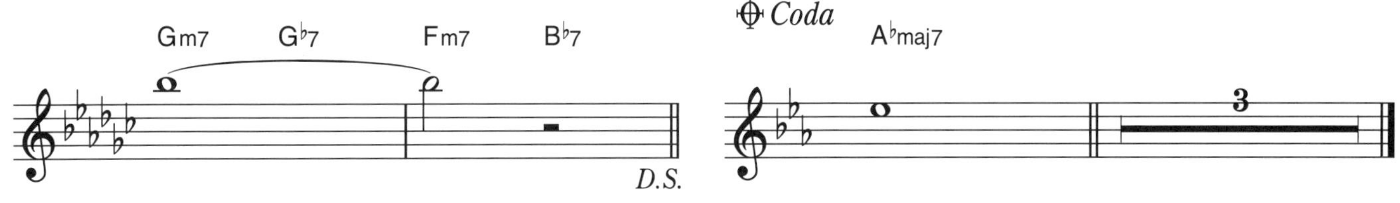

Gm7
G♭7
Fm7
B♭7
Coda
A♭maj7
3
D.S.

다정함에 감싸 안기면

<마녀 배달부 키키> OST

작곡: Arai Yumi

© by ALFA MUSIC INC.

A7sus4
D
4
D.S.
Coda
F#m F#7
E Bm
G
Bm
G
Em
F#m
Bm
G
G/F# Em
A7sus4
A7sus4
F Bm
G
Bm
G
Em
F#m
Bm
G
G/F# Em
A7sus4
G D
G/D
3

바다가 보이는 거리

〈마녀 배달부 키키〉 OST

작곡: Joe Hisaishi

© by STUDIO GHIBLI Inc.

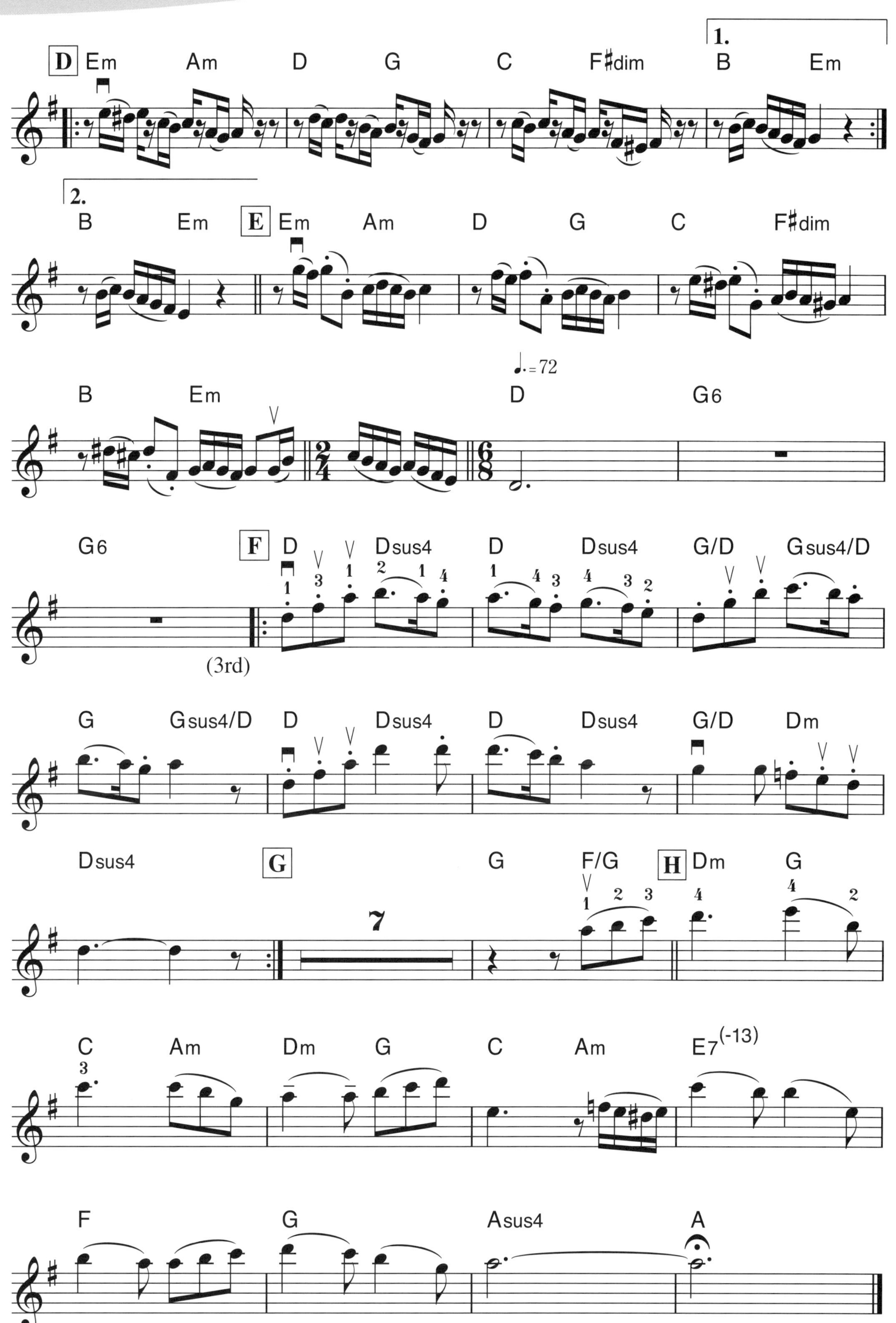

19

사랑은 꽃, 당신은 그 씨앗

〈추억은 방울방울〉 OST

작곡: Amanda McBroom
THE ROSE
© 1970 by WARNER–TAMERLANE PUBLISHING CORP.
All rights reserved. Used by permission.

체리가 익어갈 무렵

<붉은 돼지> OST

작곡: Antonie Renard

Public Domain

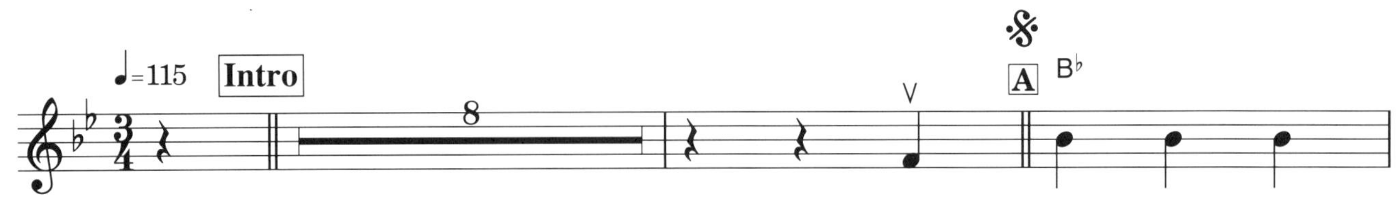

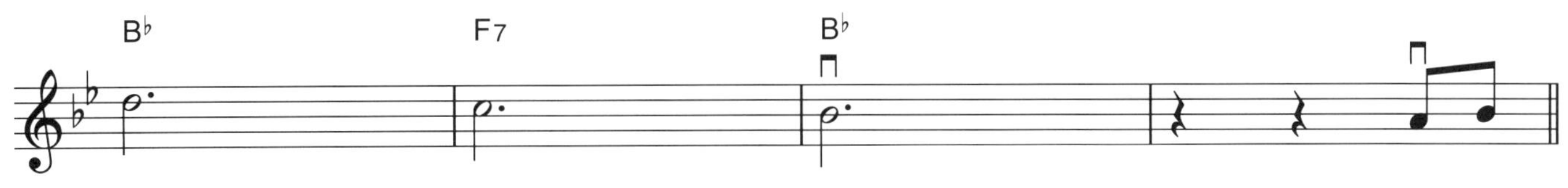

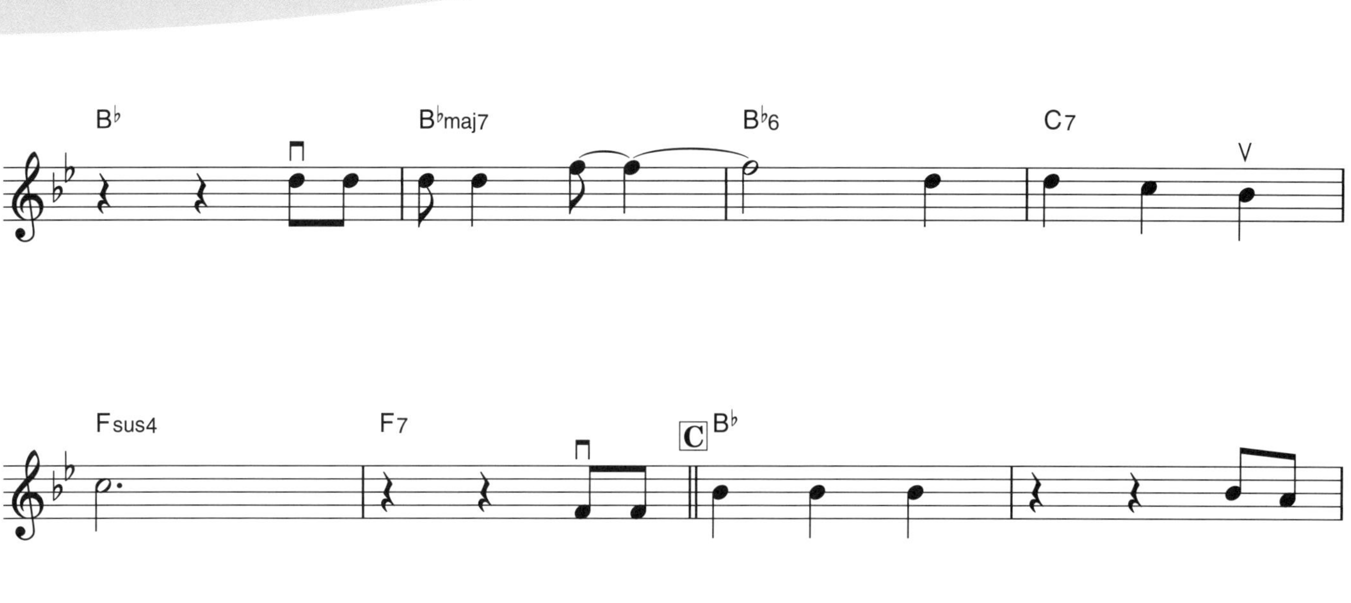

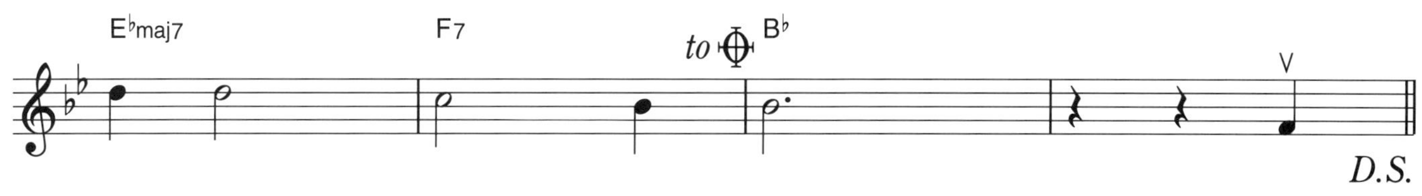

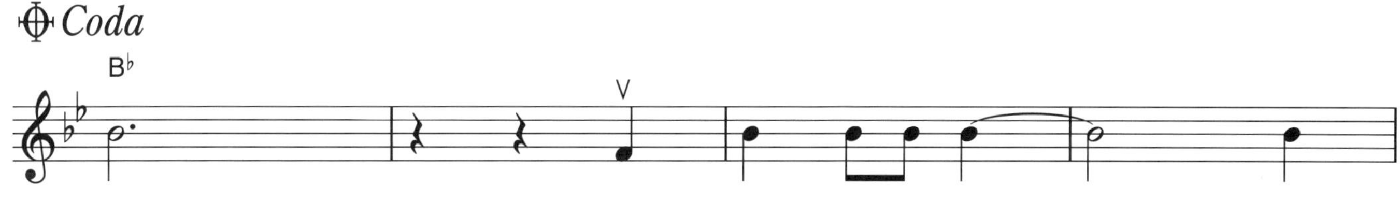

Coda

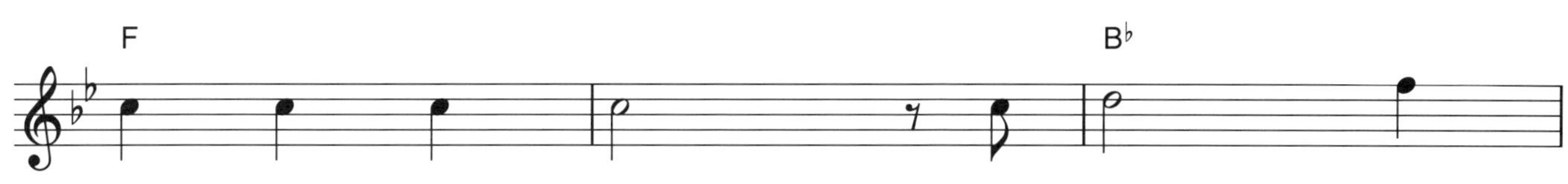

마르코와 지나의 테마

〈붉은 돼지〉 OST

작곡: Joe Hisaishi
© by STUDIO GHIBLI Inc.

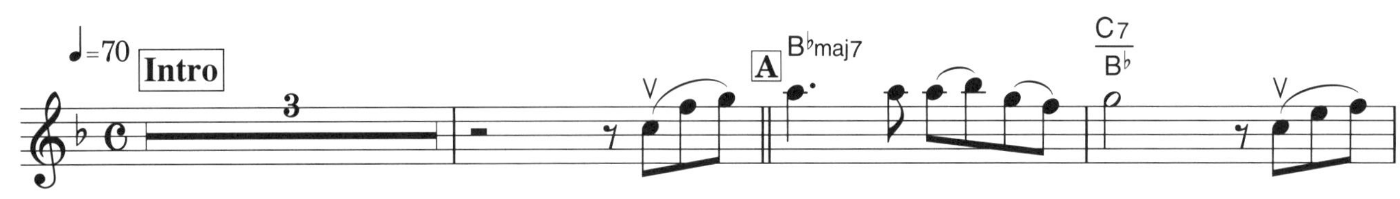

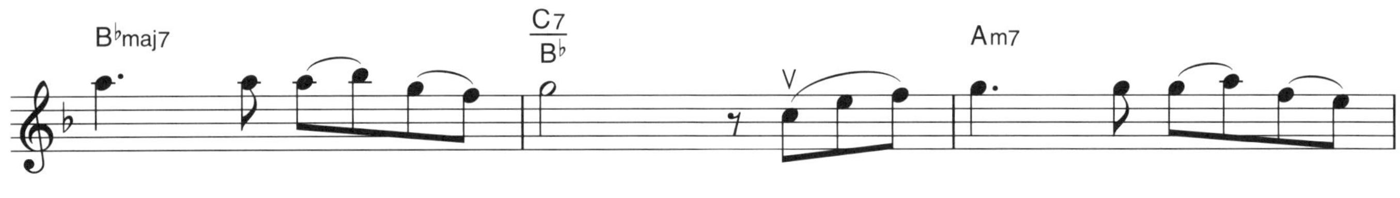

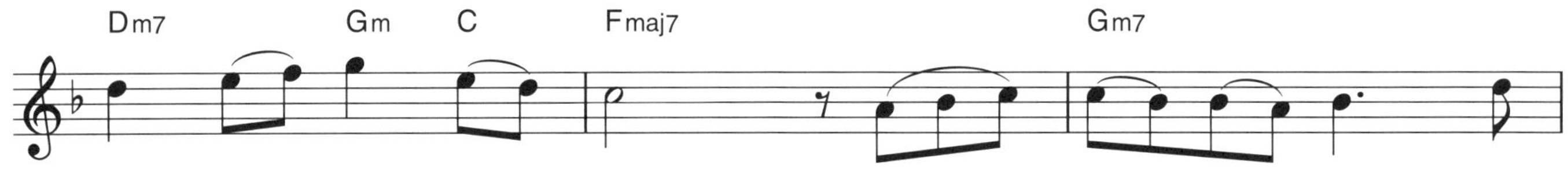

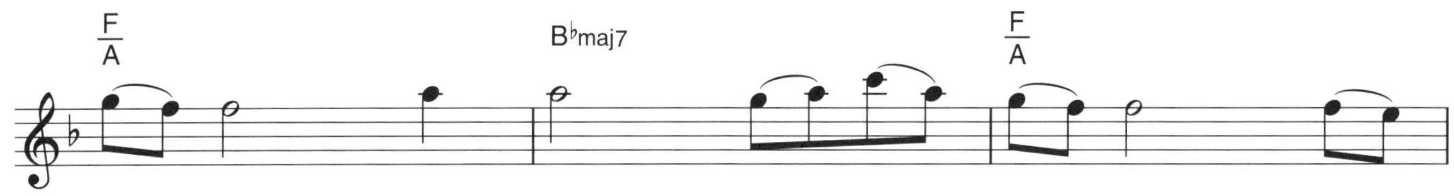

Gm7   Am7   Gm7   D
B♭maj7   C7/B♭   Am7   Dm7   Gm   C
Fmaj7   B♭maj7   C7/B♭   Am7
Dm7   Gm   C   Fmaj7   Gm7   Am7
B♭maj7   C   B♭maj7   F/A
B♭maj7   F/A   Gm7   Am7   Gm7
D   B♭maj7   C7/B♭
Am7   Dm7   Gm   C   B♭maj7

컨트리 로드

<귀를 기울이면> OST

작곡: Bill Danoff, Taffy Nivert and John Denver

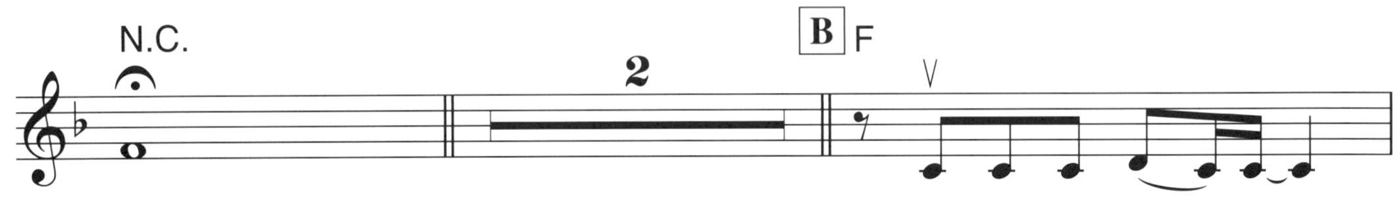

Bb Bb/C F Csus4 F D Dm Am7/C
Bbmaj7 F/A Bb/D C7/E F F/A Gm/Bb C Bb/D Bb
Am7 Dm Ebmaj7 Eb/Bb Bb F Bb/D C Bb/D C/E Bb/F
C/E G7/D C7 E Fmaj7 Bb Csus4 C C#dim Dm7
(3rd)
Ebmaj7 F7 Bbmaj7 Ebmaj7 Bb Bb/C
F Fsus4 F F Fmaj7 Bb Csus4 C C#dim Dm7
Ebmaj7 F7 Bbmaj7 Ebmaj7
Bb Csus4 Eb/F Bbmaj7

모노노케 히메

〈모노노케 히메〉 OST

작곡: Joe Hisaishi

© by STUDIO GHIBLI Inc. & WONDER CITY INC.

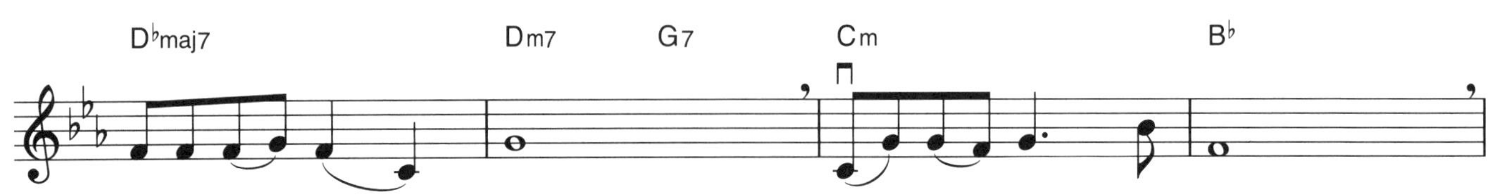

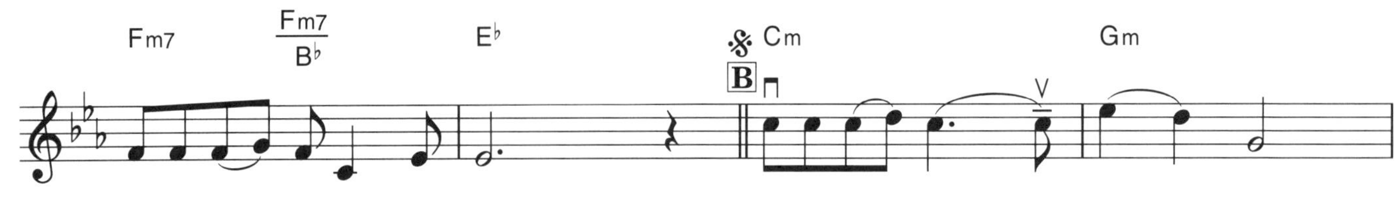

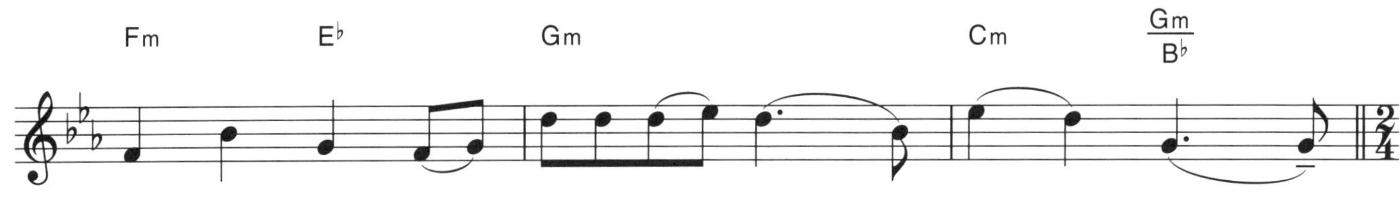

to ⊕
Csus4
C
Cm
(2nd.)
B♭
A♭maj7
Gm7
Fm7
B♭/D
E♭
D♭maj7
Dm7
G7
Cm
B♭
A♭maj7
Gm7
Fm7
B♭/D
E♭
Fm
Fm7/B♭
⊕ Coda
E♭
Csus4
C
D.S.
A♭
E♭/G
Fm7
Gm7
A♭maj7

아시타카 셋키

〈모노노케 히메〉 OST

작곡: Joe Hisaishi
© by STUDIO GHIBLI Inc.

Em
Fmaj7
Em7
Bm
4 4 3 2
(4 3 2 2)
Bm
(3rd)
C Cmaj7
D
Em7
Bm
F#m
Bm
Cmaj7
D
Em7
G/B
Am   G
Am   Bm   D   Bm
Em
Cmaj7   D
Em7
G/B
Am   G
Am   Bm   D   Bm   Em
D Cmaj7
D
(1st)
Bm7
Em7
rit.

아시타카와 산

〈모노노케 히메〉 OST

작곡: Joe Hisaishi
© by STUDIO GHIBLI Inc.

Dm7   Fm   G   C
E7   Am   Em7/G   F   C/E   Dm
C6/G   G   E7/G#   F/A   C   D F   G
(3rd)
E7/G#   Am   Bb   Esus4   E   F   Gsus4 G
E7/G#   Am   Bb   Esus4   E   C6
(1st)
C6   Fmaj7   E7sus4   Fmaj7
(3rd)
G7   C6

외톨이는 그만 두었어

〈이웃집 야마다군〉 OST

작곡: Yano Yukiko
© by STUDIO GHIBLI Inc.

언제나 몇 번이라도

〈센과 치히로의 행방불명〉 OST

작곡: Kimura Yumi
© by STUDIO GHIBLI Inc.

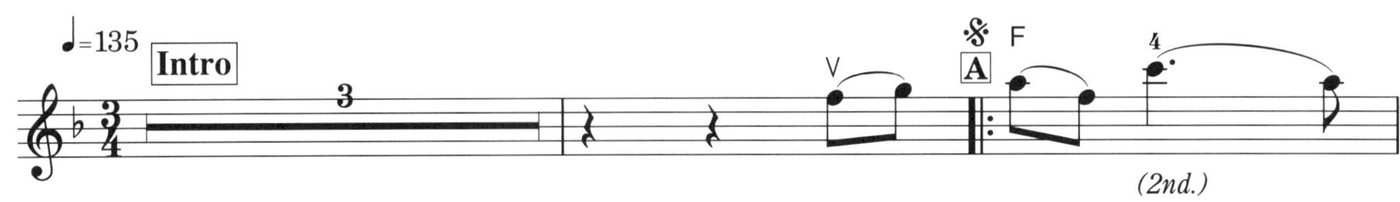

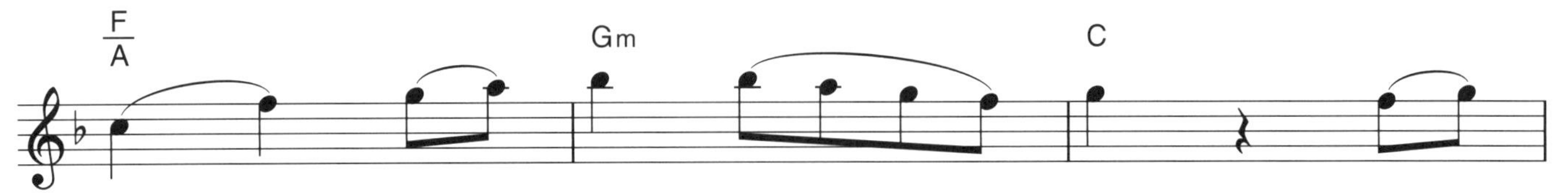

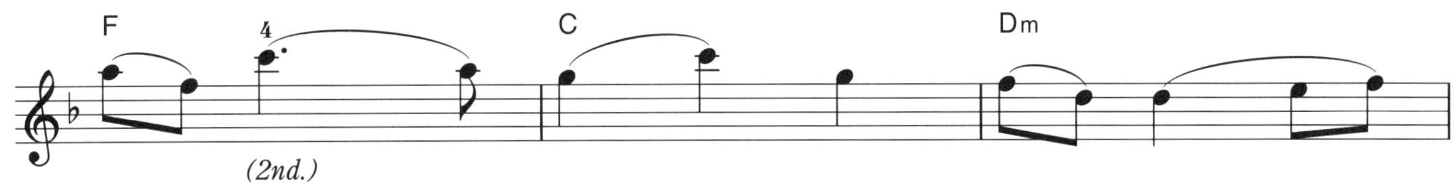

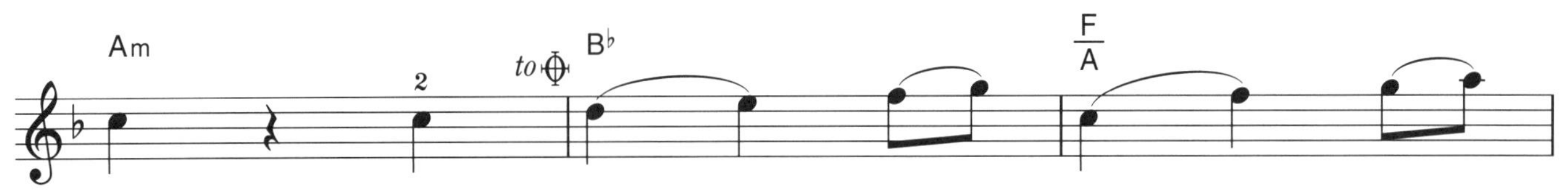

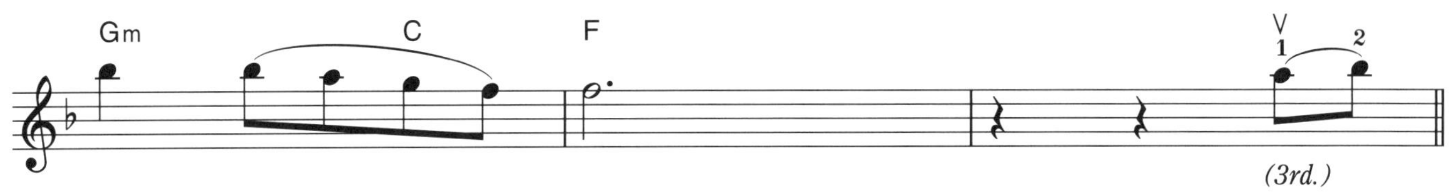

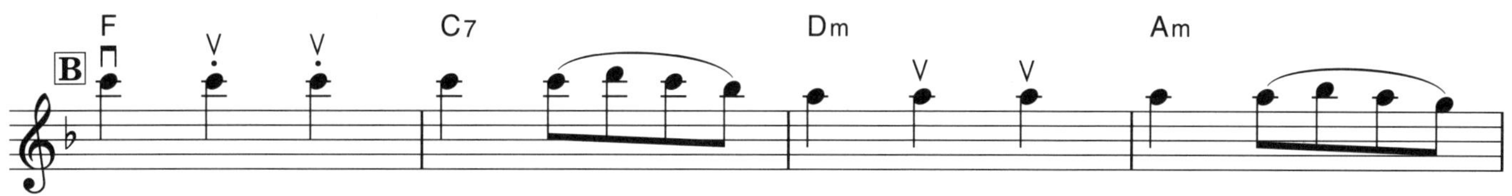

B
F
C7
Dm
Am

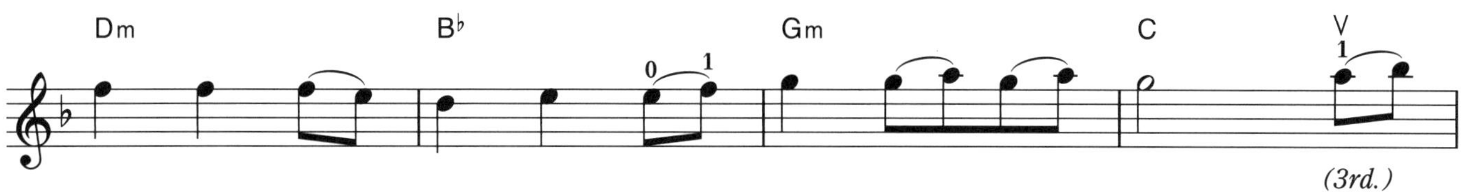

Dm
B♭
Gm
C
(3rd.)

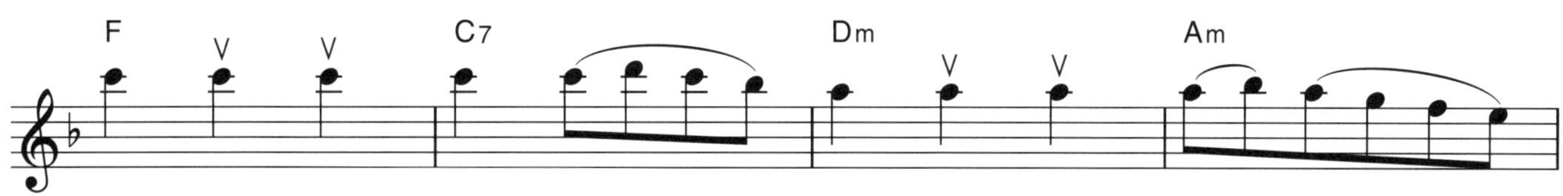

F
C7
Dm
Am

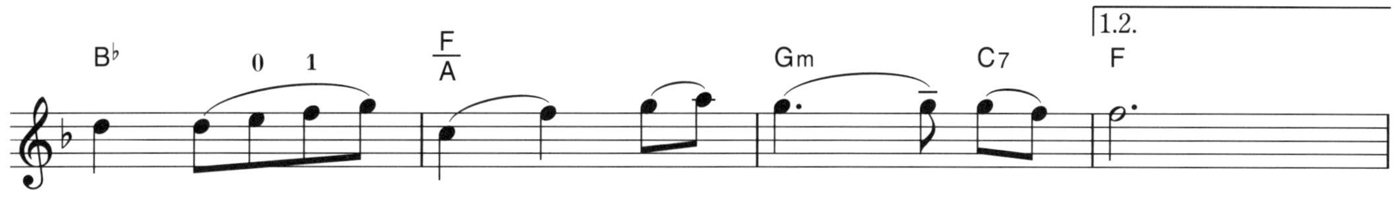

B♭
F/A
Gm
C7
1.2.
F

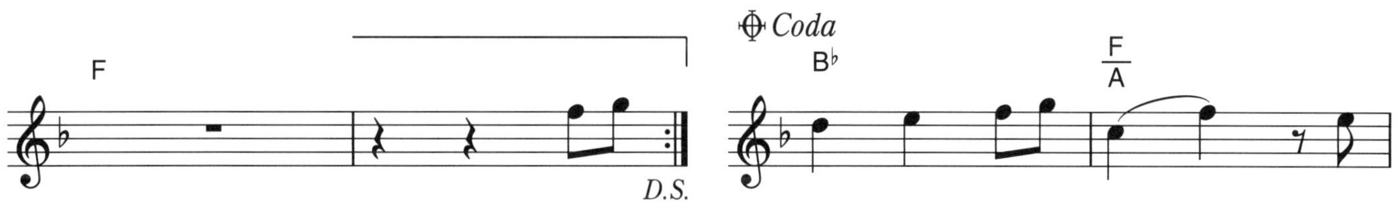

F
D.S.
Coda
B♭
F/A

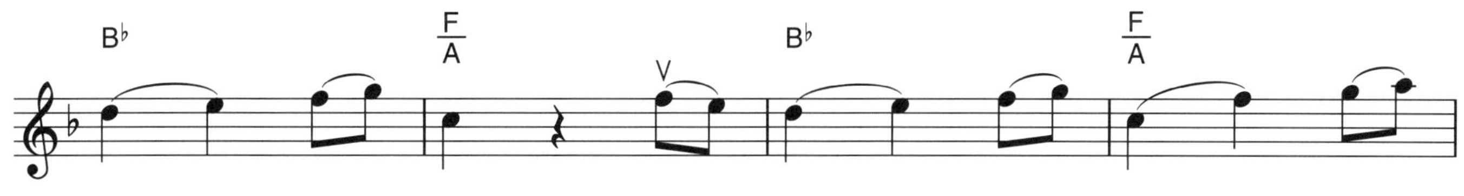

B♭
F/A
B♭
F/A

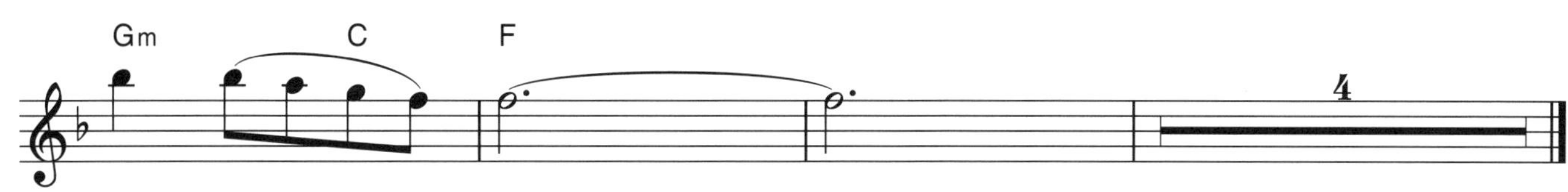

Gm
C
F
4

그 여름으로

〈센과 치히로의 행방불명〉 OST

작곡: Joe Hisaishi
© by STUDIO GHIBLI Inc.

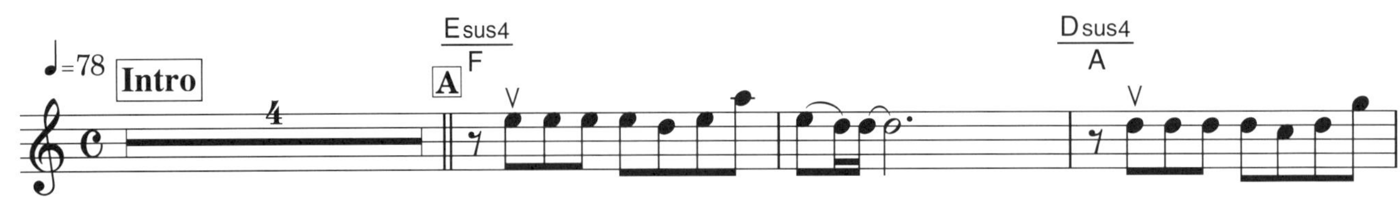

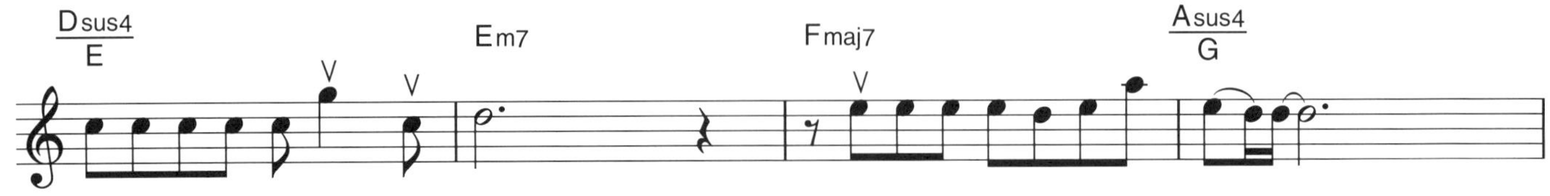

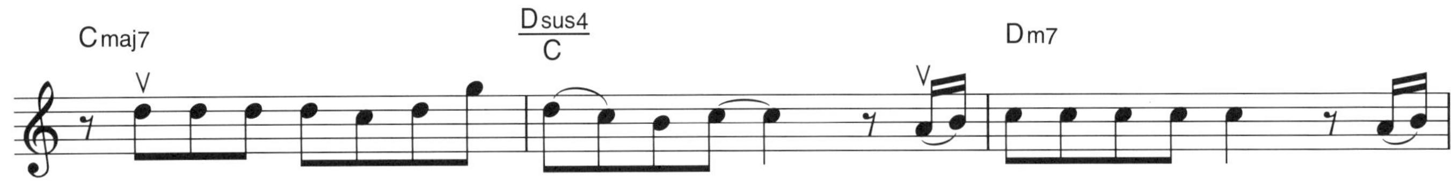

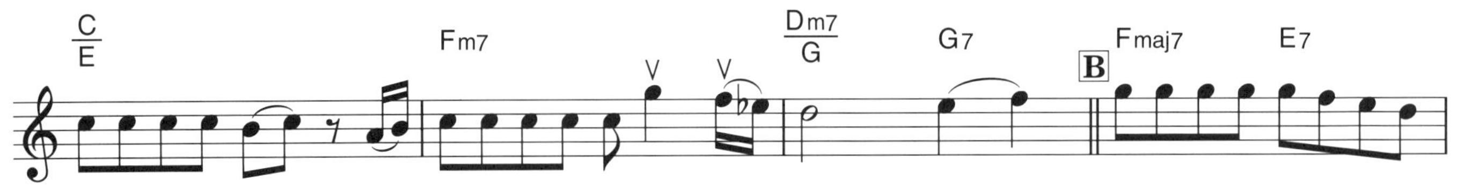

Dm7/G
D7
Dm7/G
(3rd.)
Am
Em/G
F
C/E
Cm/E♭
Gsus4/D
E♭aug/D♭
Gsus4 G
(3rd.)
Am
Em/G
F
C/E
Cm/E♭
Dm7(−5)
B♭m/D♭
C7
(2nd.)
Fm
Fm7/E♭
Dm7(−5)
G7
Fmaj7
Em7
Fmaj7
Em7
C
Esus4/F
Cadd9/E
Dm7
Bm7(−5)
E7
(3rd.)
Am
Em/G
F
C/E
Cm/E♭
Dm7
E♭aug/D♭
Gsus4 G
(3rd.)
Am
Em

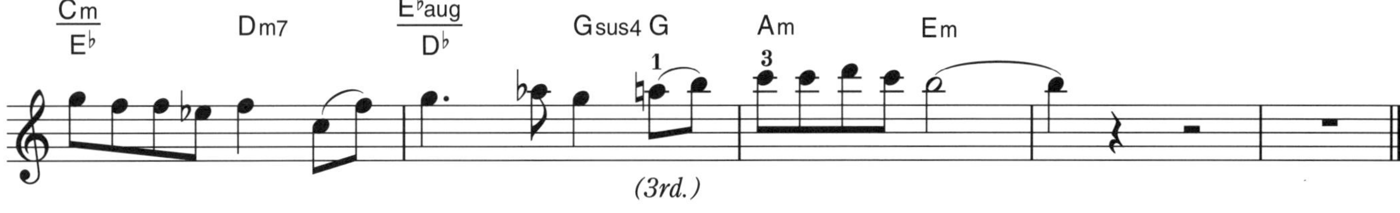

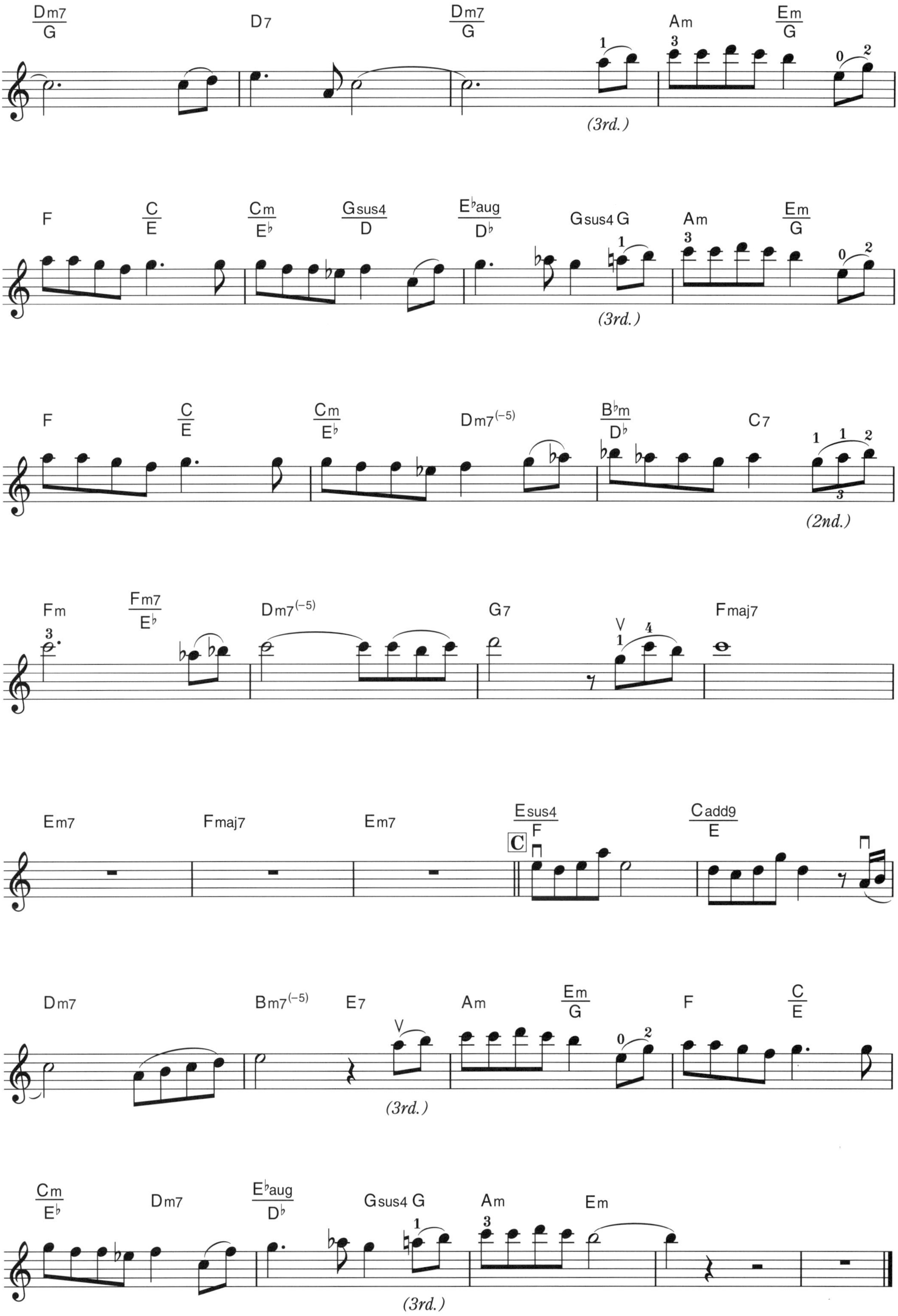

또 다시

〈센과 치히로의 행방불명〉 OST

작곡: Joe Hisaishi

© by STUDIO GHIBLI Inc.

바람이 되다

〈고양이의 보은〉 OST

작곡: Tsuji Ayano
© by STUDIO GHIBLI Inc.

D/F#   Em   Bm/D   C
G/B   A/C#   D7   D G
f
D/F#   Em   Bm/D   C
to 1.2.
G/B   Am7   Am7/D   G
mp   D.S.1
Coda 1.
C   Bm   Em Em/D   C
f
D/C   Bm   Em Em/D A7/C#   D   Em7 Fdim
Coda 2.
D7/F#   G   C
p   D.S.2
G/B   C/D   E   24

세계의 약속

<하울의 움직이는 성> OST

작곡: Kimura Yumi

© by STUDIO GHIBLI Inc.

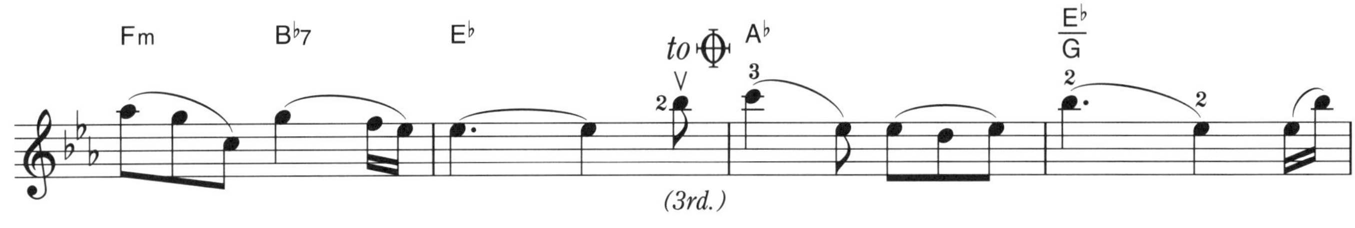

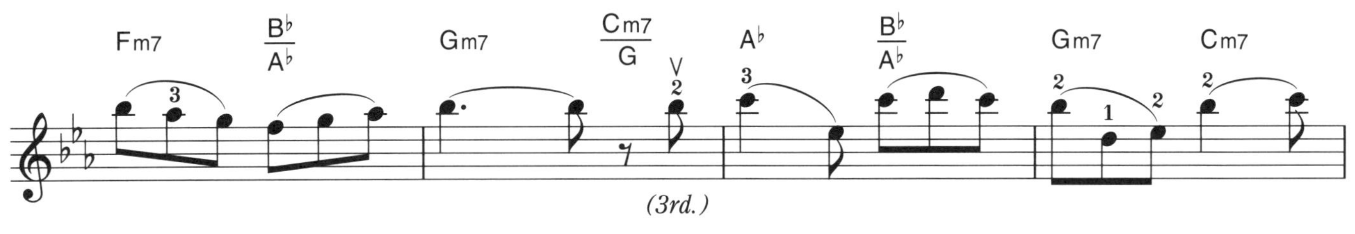

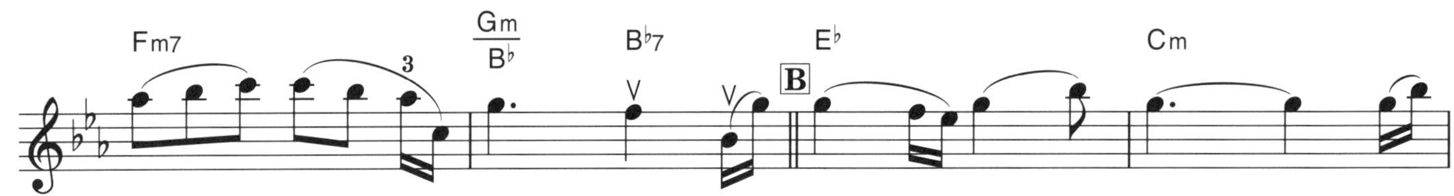

Fm7
B♭7
E♭
Gm

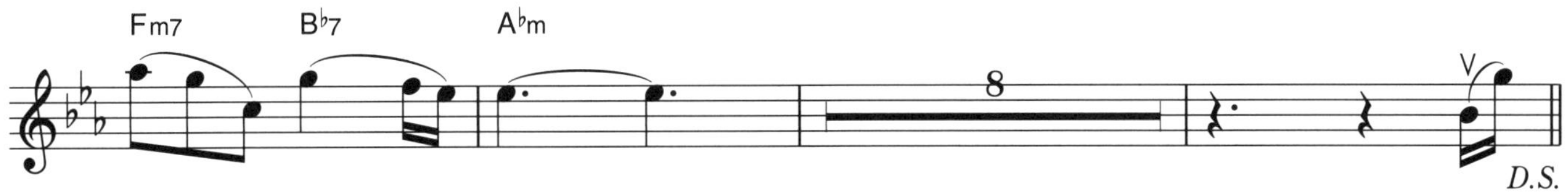

Fm7
B♭7
A♭m
8
V
D.S.

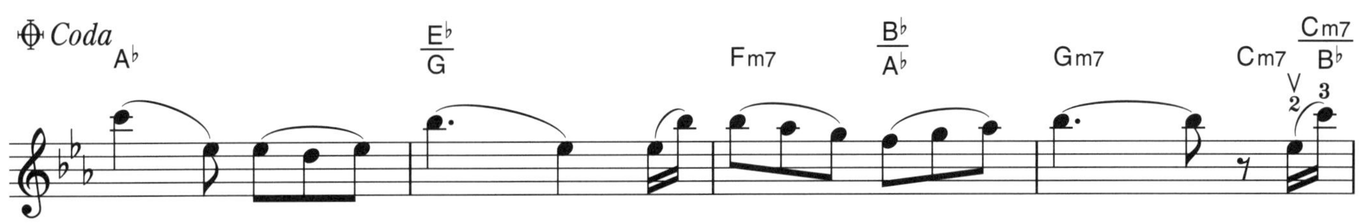

Coda
A♭
E♭/G
Fm7
B♭/A♭
Gm7
Cm7
Cm7/B♭
V
2
3

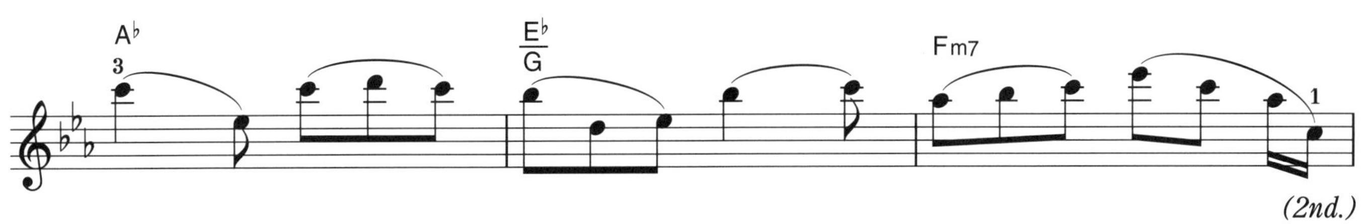

A♭
3
E♭/G
Fm7
1
(2nd.)

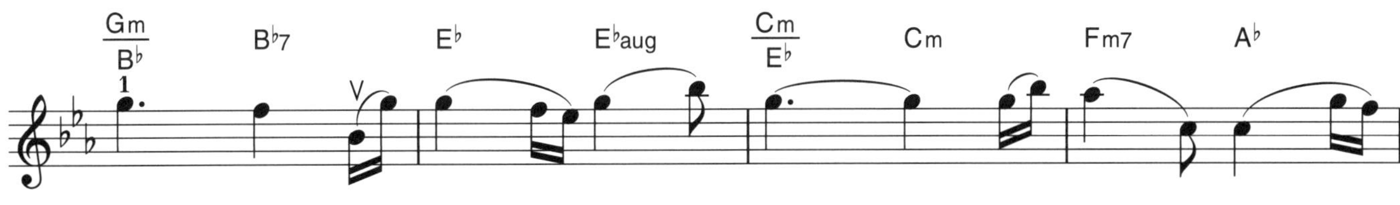

Gm/B♭
1
B♭7
E♭
E♭aug
Cm/E♭
Cm
Fm7
A♭
V

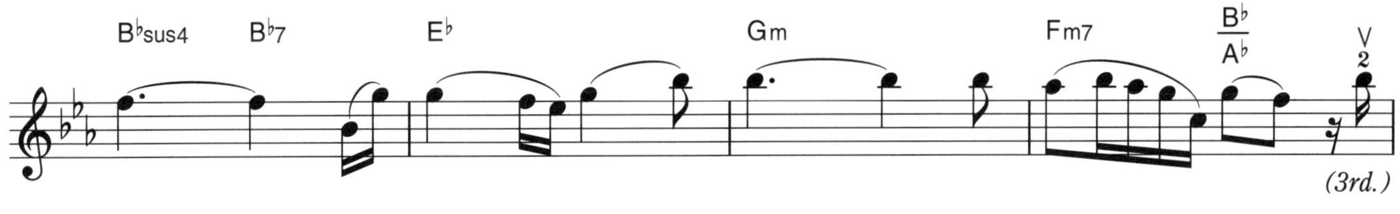

B♭sus4
B♭7
E♭
Gm
Fm7
B♭/A♭
V
2
(3rd.)

A♭maj7
3
B♭7
2
Fm7
B♭7
A♭m
4

인생의 회전목마

〈하울의 움직이는 성〉 OST

작곡: Joe Hisaishi

© by STUDIO GHIBLI Inc.

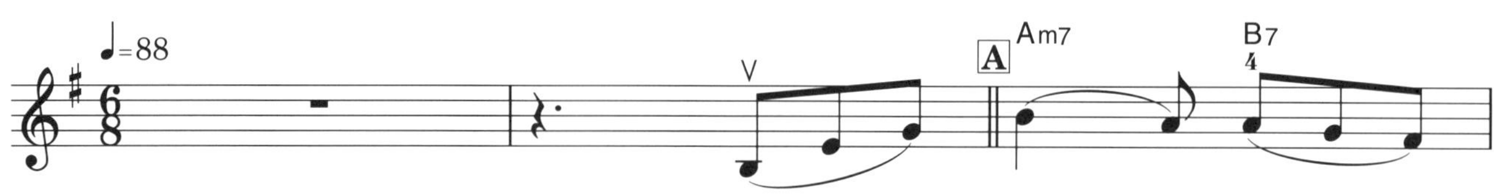

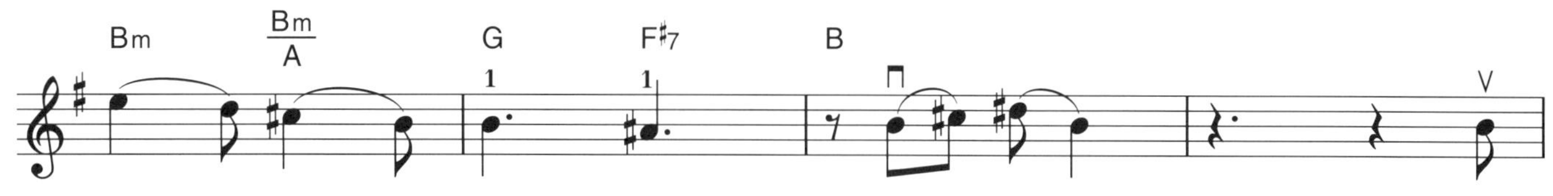

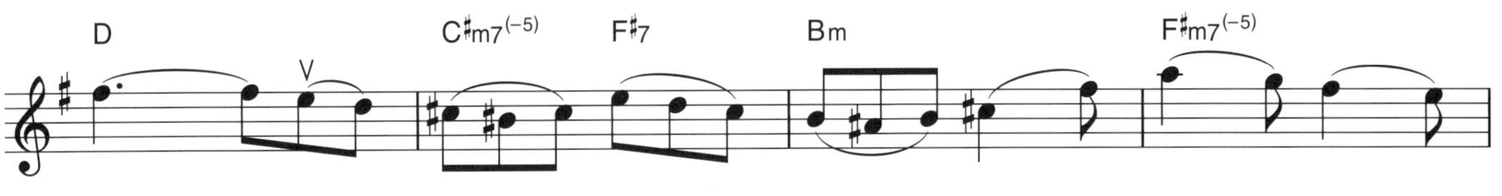

D   C#m7(-5)   F#7   Bm   F#m7(-5)
V

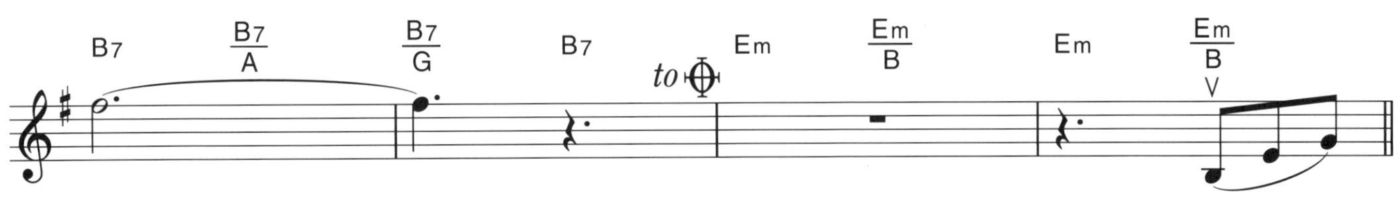

B7   B7/A   B7/G   B7   to   Em   Em/B   Em   Em/B
V

B
Am7   B7   Em   Am7   D7   G
4

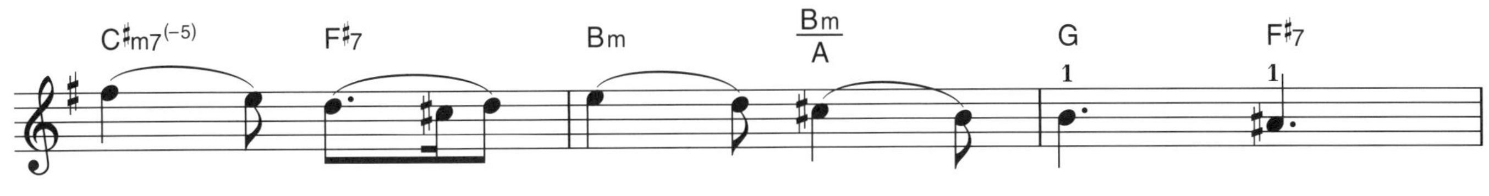

C#m7(-5)   F#7   Bm   Bm/A   G   F#7
1   1

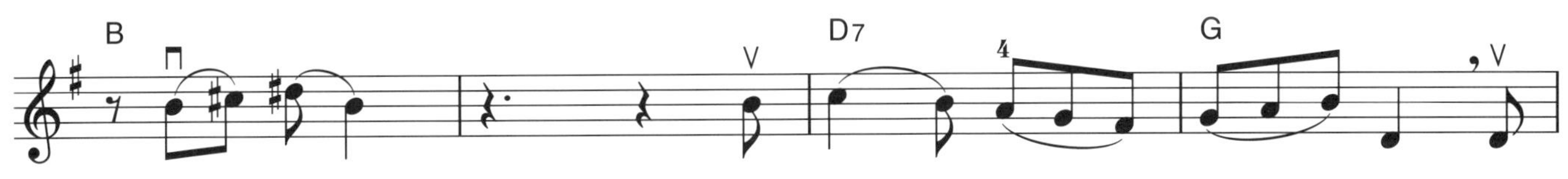

B   D7   G
V   4   V

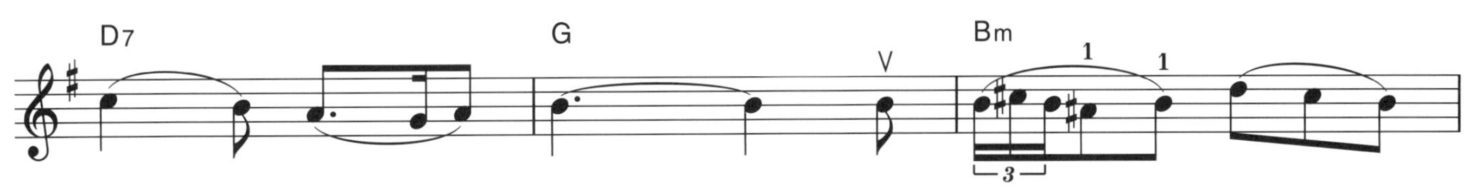

D7   G   Bm
V   1   1
3

F#7   Bm   F#7   Coda
D.S.   4

테루의 노래

<게드 전기> OST

작곡: Taniyama Hiroko

© by STUDIO GHIBLI Inc.

벼랑 위의 포뇨

〈벼랑 위의 포뇨〉 OST

작곡: Joe Hisaishi
© by STUDIO GHIBLI Inc.

Dm6
A
C#7/G#
F#m
C#m/E
D
Dm
A
E/G#
F#m
C#m/E
D6
E7sus4
D A
D
A/C#
1.
E7
Fdim
F#m
F#m/E
B/D#
Bm/D
E
A
D
A/C# F#m
Bm
A/E
E7
A
8
2.
E7
Fdim
F#m
F#m/E
B/D#
Bm/D E
A
D
A/C# F#m
Bm
A/E
E7
A
6

해바라기 집의 왈츠

〈벼랑 위의 포뇨〉 OST

작곡: Joe Hisaishi
© by STUDIO GHIBLI Inc.

1.
B♭ E♭ E♭7 A♭ B♭
Gm Cm Fm B♭7 E♭
D 7 B♭ 2nd Gm7 Cm Gm7 Cm
mp
F9 B♭7 1st E E♭ Gm
mp
Cm B♭ E♭ Gm Cm
B♭ Gm Cm7 Gm Cm7
Fm B♭7 E♭ E♭7 2. E♭7 2
mf 3rd
A♭ B♭ Gm 4th 3 Cm Fm
B♭7 E♭ ♩=81 F 3 E♭
mp
poco rit.
1st A♭ B♭7 E♭
p

53

Arrietty's Song

〈마루 밑 아리에티〉 OST

작곡: Simon Caby, Cécile Corbel
© by STUDIO GHIBLI Inc.

A
Bm
A
Bm
A
Bm
A
Bm
A
Bm
G
A
Bm
E
Bm
A/C#
D
E
Bm
A/C#
D
E
F F#m
A
E
D
Bm
D
E
C#m
F#m
A
E
D
Bm
D
E
C#m
1.
7
C#m
2.
16

이별의 여름 ~코쿠리코 언덕에서~

<코쿠리코 언덕에서> OST

작곡: Sakada Kouichi

© by yomiuri-TV Enterprise

Am
Em/G
F
C/E
D
G
D C
G/B
Am
Em/G
F
C/E
E7sus4/B
E
E Am
Em
F
C
1.
Dm
Am
F
Em
Am
F
E7
2.
Bm7(-5)
Em7
Am
G
rit.

아침밥 노래

〈코쿠리코 언덕에서〉 OST

작곡: Taniyama Hiroko
© by STUDIO GHIBLI Inc.

비행기 구름

〈바람이 분다〉 OST

작곡: Arai Yumi

© by ALFA MUSIC, INC.

Fine On The Outside

〈추억의 마니〉 OST

작곡: Priscilla Ahn

© by STUDIO GHIBLI Inc.

Dmaj7
A
E/G#
C#m7(-5)/G
F#7
Bm
F#m7/C#
D6
D6/E
A
%·1.
E A
E7/A
A
E7/A
Bm7(11)
D
to ⊕ 1.
F A
Bm7
Dmaj7
A
E/G#
F#m
Amaj7/E
Bm7 (⊓)
D
D.S.1.
⊕ Coda 1.
D
D.S.2.
⊕ Coda 2.
E6
G A
rit.

스튜디오 지브리
바이올린 컬렉션
Studio Ghibli Violin Collection

2017년 4월 24일 초판 발행
2022년 10월 31일 2쇄 발행

지은이 편집부

펴낸곳 서울음악출판사
펴낸이 하성훈
주소 서울시 서초구 반포대로 22길 85 에덴빌딩 3층
등록번호 제2001-000299 · **등록일자** 2001년 4월 23일
인터넷 홈페이지 www.seoul-music.co.kr

Licensed by Shinko Music Entertainment Co., Ltd., Tokyo, Japan

값 11,000원(책 3,000원 / CD 8,000원 ※별매불가)
ISBN 979-11-86471-49-4